BEI GRIN MACHT SICH IHR WISSEN BEZAHLT

- Wir veröffentlichen Ihre Hausarbeit, Bachelor- und Masterarbeit

- Ihr eigenes eBook und Buch - weltweit in allen wichtigen Shops

- Verdienen Sie an jedem Verkauf

Jetzt bei www.GRIN.com hochladen und kostenlos publizieren

Das Erfolgsrezept von Influencern

Saskia Burow

Bibliografische Information der Deutschen Nationalbibliothek:

Die Deutsche Nationalbibliothek verzeichnet diese Publikation in der Deutschen Nationalbibliografie; detaillierte bibliografische Daten sind im Internet über http://dnb.d-nb.de abrufbar.

ISBN: 9783346656391
Dieses Buch ist auch als E-Book erhältlich.

© GRIN Publishing GmbH
Nymphenburger Straße 86
80636 München

Druck und Bindung: Books on Demand GmbH, Norderstedt Germany
Gedruckt auf säurefreiem Papier aus verantwortungsvollen Quellen

Das vorliegende Werk wurde sorgfältig erarbeitet. Dennoch übernehmen Autoren und Verlag für die Richtigkeit von Angaben, Hinweisen, Links und Ratschlägen sowie eventuelle Druckfehler keine Haftung.

Das Buch bei GRIN: https://www.grin.com/document/1223364

Einsendeaufgabe

im Modul: New Media Management

Aufgabe B
Das Erfolgsrezept von Influencern

Abgegeben am: 19.12.2018

Vorgelegt von:

Saskia Burow
Studiengang: Medien- und Kommunikationswissenschaften

Inhaltsverzeichnis

Abkürzungsverzeichnis

Mrd.   Milliarden

Index

Geliket / liken   Der „Like"-Button erlaubt das Empfehlen
                                von Inhalten und informiert alle Freunde
                                darüber, was einem gefällt[1]

Follower   Publikum eines Influencers; eine Person,
                                die einem Nutzer auf Social Media folgt und
                                deren Beiträge abonniert hat[2]

User   Nutzer

Feed   Profil; informiert über Veränderungen auf
                                einer Webseite oder einem Profil, das man
                                abonniert hat.[3]

Community   (Netz-)Gemeinschaft[4]

Content   Inhalt

Selfie   Selbstporträt

DIY   Do it yourself (zu deutsch: mach es selbst)

Post / Posting   Eintrag

---

[1] Vgl. Lumma, N., Rippler, S., Woischwill, B. (2015), Seite 135

[2] Vgl. ebenda

[3] Vgl. Dschaak, M. (2017), https://www.giga.de/downloads/instagram/specials/instagram-feed-bedeutung-idee-und-plugin/

[4] Vgl. Lumma, N., Rippler, S., Woischwill, B. (2015), Seite 129

Abbildungsverzeichnis

Einleitung

Wo früher Kommunikation per Brief, Fax oder E-Mail stattgefunden hat, werden heute auf sozialen Medien Bilder kommentiert, Beiträge „geliket" oder mit einem Klick neue Freunde hinzugefügt. Das digitale Zeitalter hat die Möglichkeiten der Kommunikation gänzlich verändert.[5] Das Internet ist zu einem äußerst wichtigen Kanal für Unternehmen, Konsumenten, Kunden und der Öffentlichkeit geworden.[6] 2017 machen 73% von befragten deutschen Unternehmen Gebrauch von Social Media.[7] Zu den größten sozialen Netzwerken zählt Facebook mit 2,17 Mrd. monatlich aktiven Nutzern.[8] Zurückzuführen ist dies unter anderem auf die große Bandbreite, sowohl in Bezug auf die Verbreitung als auch die Funktionsweise, die Social Media bietet. Aber auch die gesellschaftliche Teilhabe, die schnelle und einfache Zurverfügungstellung von Informationen und die Beziehungspflege sind Einsatzzwecke von Social Media.[9] Rund 87% Prozent der weltweit befragten Unternehmen geben an, Social Media vor allem aus Gründen der Aufmerksamkeitserhöhung zu nutzen.[10]

Diesen medialen Umbruch machen sich die sogenannten Influencer zu Nutzen.[11] „Der Influencer ist eine Einzelperson, die sich aufgrund ihres Engagements oder ihrer Kompetenz auf einem speziellen Gebiet einen Namen gemacht hat."[12] Durch ihre reichweitenstarken Kanäle bieten sie eine

---

[5] Vgl. Gerstenberg, F., Gerstenberg, C. (2017), Seite 1

[6] Vgl. Bartel, R. (k.A.), Seite 15

[7] Vgl. Statista (2017), https://de.statista.com/statistik/daten/studie/725976/umfrage/einsatz-von-social-media-in-unternehmen-in-deutschland/

[8] Vgl. Statista (2018), https://de.statista.com/statistik/daten/studie/181086/umfrage/die-weltweit-groessten-social-networks-nach-anzahl-der-user/

[9] Vgl. Schmidt, J.-H., Taddicken, M. (2017), Seite v (Vorwort)

[10] Vgl. Statista (2018), https://de.statista.com/statistik/daten/studie/186841/umfrage/marketingentscheider-zu-den-vorteilen-von-social-media-marketing/

[11] Vgl. Christian, C. (2018), https://www.osk.de/blog/influencer-erfolgsrezept

[12] Gerstenberg, F., Gerstenberg, C. (2017), Seite 21

attraktive Plattform für Unternehmen, um an folgende Zielgruppe heranzutreten: den Followern.[13]

Doch was ist das Erfolgsrezept von Influencern? Worin liegt deren Mehrwert? Wie hoch ist die Verantwortung von Influencern gegenüber ihren Followern und wie hoch ihr Einfluss auf das Konsumverhalten von Online-Nutzern? Diese Fragen werden im Zuge der vorliegenden Ausarbeitung eine Antwort finden. Kapitel 1 definiert, wie sich die allgemeine Anerkennung der Influencer erklären lässt und was einen erfolgreichen Influencer ausmacht. Teil dieses Kapitels wird unter anderem die Nennung namhafter Influencer sein, die die Regeln der neuen Medienwelt verinnerlicht haben[14] und als Beispiel für erfolgreiches Blogging dienen. In Kapitel 2 wird aufgeklärt, worin der Mehrwert des Social Media Contents liegt. Kapitel 3 beschäftigt sich mit der Verantwortung und dem Einfluss der Influencer auf ihre Follower sowie deren Kaufverhalten. Im Anschluss folgt ein persönliches Fazit.

B1. Das Erfolgsrezept von Influencern

Heutzutage leben wir in einer Leistungsgesellschaft, in der Niederlagen verurteilt werden. Oft zeigt Instagram nur eine Fassade einer Person, mit schönen Momenten aus ihrem Leben, was insgesamt zu einem perfektionistischen, zugleich unauthentischem Selbstbild führt.[15] Die Inhalte sind durch digitale Bearbeitung professionalisiert, werden von großen Unternehmen beauftragt und sind eine einzige Inszenierung. Für Autoren dieser Instagram-Accounts ist das Influencer-Dasein zum Hauptberuf geworden.[16] Die Authentizität ist zum Gegenstand medialer Inszenierung und zum kommunikativ erzeugten Massenphänomen geworden. Genau aus

---

[13] Vgl. Gerstenberg, F., Gerstenberg, C. (2017), Seite 21

[14] Vgl. Christian, C. (2018), https://www.osk.de/blog/influencer-erfolgsrezept

[15] Vgl. Blick am Abend (2018), https://www.blickamabend.ch/very-best-of/gegenbewegung-zum-perfektionismus-schweizer-influencer-nehmen-sich-selbst-aufs-korn-id8870553.html

[16] Vgl. Welt (2018), https://www.welt.de/icon/partnerschaft/article181340652/Wem-folgen-Instagram-Accounts-die-einem-gut-tun-und-nicht-frustrieren.html

diesem Grund ist das Verlangen nach dem Unverfälschtem, Echten und Wahren so groß.[17]

„Der Charme des Authentischen, Unperfekten [erlebt] einen Aufwind – selbst, wenn diese Authentizität nur vorgespielt ist."[18] Menschen bilden sich sekundenschnell ein Urteil über andere. Die Person, die die richtigen Indizien sowie ein stimmiges Bild seiner selbst liefert, sprich wer eine glaubhafte Rolle vorspielt, der wird als authentisch wahrgenommen.[19]

Dabei vermitteln Influencer, die sich auch mal ungeschminkt zeigen und aus Makeln kein Geheimnis machen Menschlichkeit und vor allem Sympathie.[20] „Sie [bedienen] den gesellschaftlichen Wunsch nach mehr Authentizität."[21]

„Ich habe weder eine Modelfigur noch bin ich berühmt oder habe das typische Beautygesicht, das sich für Make-up und Co. vermarkten ließe. [...] Stattdessen bin ich ziemlich normal, unperfekt und kämpfe mit Problemzonen, die man ja normalerweise ungern in die Kamera hält."[22]

Mit diesen Worten definiert Louisa Dellert (Instagram Account @louisadellert) ihr Erfolgsrezept. Der wohl plausibelste Beleg hierfür sind die rund 344.000 Follower auf Instagram.[23] Sie zeigt ihre Bauchrollen, die nicht zu jederzeit seidenglatt rasierten Beine und auch Cellulite und ungeschminkte Selfies sind keine Seltenheit auf ihrem Feed (siehe Abbildung 1 und 2). Sie ist ein Mensch, wie jeder andere auch und versteckt sich nicht hinter Filtern oder Photoshop.

---

[17] Vgl. Niermeyer, R. (2008), Seite 26f

[18] t3n (2018), https://t3n.de/news/6-influencer-typen-studie-1067059/

[19] Vgl. Niermeyer, R. (2008), Seite 27

[20] Vgl. eastside-story (k.A.), https://www.eastside-story.de/2018/07/24/warum-influencer-im-marketing-so-gut-funktionieren/

[21] Christian, C. (2018), https://www.osk.de/blog/influencer-erfolgsrezept

[22] Xing (2017), https://www.xing.com/news/klartext/ein-leben-als-influencer-ist-mehr-als-ein-9-to-5-job-1793?te=48d3d58e2b964080.eyJ0YXJnZXRfaWQiOjE3OTMsInRhcmdldF90eXBlIjoia2xhc nRpY2xlIiwidGFyZ2V0X3Vybil6InVybjp4LXhpbmc6Y29udGVudDprbGFydGV4dF9rbGFyd GljbGU6MTc5MyIsInNpdGVfY2JkGlvbil6ImtsYXJ0aWNsZV9kZXRhaWxwYWdlIiwiYWN0 b3JfdXJuIjoidXJuOngteGluZzp1Zzpjb250ZW50OmtsYXJ0ZXh0OiIsIiwidmVyc2lvbil6IjluMi4wIn0

[23] Vgl. Instagram (2018), https://www.instagram.com/louisadellert/?hl=de

Abbildung 1 - Post von Influencerin Louisa Dellert auf Instagram (27.10.2018). Verfügbar unter: https://www.instagram.com/p/BpcLKfzDPup/

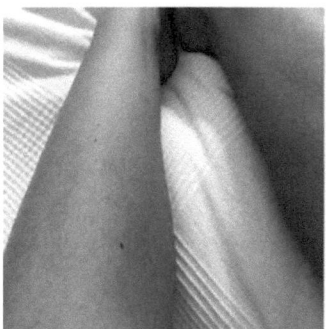

Abbildung 2 - Post von Influencerin Louisa Dellert auf Instagram (05.09.2018). Verfügbar unter: https://www.instagram.com/p/BnVnHRUDowv/

„Diese Accounts im eigenen Feed machen nicht neidisch, sie führen nicht zu Minderwertigkeitskomplexen - im Gegenteil."[24]

Ein weiterer Erfolgsfaktor neben der Natürlichkeit und Authentizität ist die Greifbarkeit. Influencer veröffentlichen Videos und Bilder, angereichert mit persönlichen Erzählungen sowie deren Lebensstil, was sie um einiges zugänglicher macht, als die unnahbaren Musiker und Stars. Das

---

[24] Welt (2018), https://www.welt.de/icon/partnerschaft/article181340652/Wem-folgen-Instagram-Accounts-die-einem-gut-tun-und-nicht-frustrieren.html

Identifikationspotenzial für die Follower ist höher[25], denn sie sind wie „a person like yourself"[26] (zu Deutsch: eine Person, wie du selbst).

Sabrina Jakobasch, so ihr amtlicher Name, auf Instragram bekannt als „@beauty.brina" ist das typische „Mädchen von nebenan". Sie hat einen Vollzeitjob, hat auch mal schlechte Laune und zeigt ihren Followern, wie sie nach Feierabend die Wäsche aufhängt oder Gassi geht. Sie suggeriert ihren Followern das Gefühl eine gute Freundin zu sein, interagiert regelmäßig mit ihrer Anhängerschaft und sticht in der scheinbar perfekten Instagram-Welt und der Überinszenierung durch ihre offene, selbstironische, sympathische und „normale" Art heraus.[27]

Abbildung 3 - Post von Influencerin Sabrina Jakobasch aka. @beauty.brina auf Instagram (05.12.2018). Verfügbar unter: https://www.instagram.com/p/BrBDzptF1tF/

Ferner ist laut einer Umfrage für 78,8% der Befragten die Glaubwürdigkeit der wichtigste Indikator eines guten Influencers.[28] Ein Beispiel: Ein Influencer, der bekannt für seinen Einsatz im Tierschutz ist, verliert gewiss an Glaubwürdigkeit, wenn er für eine Echtpelz-Marke wirbt. Produkte, die nicht zum eigenen Content passen oder nicht gefallen, würden daher von zwei Dritteln der Influencer abgelehnt und nicht weiterempfohlen

[25] Vgl. Sommersberg, A. (2018), https://www.wiso-net.de/document/KSTA__MDS-A-D5743DB9-F6A9-4F02-9DDF-7FA4D7ECFF40%7CKSTT__MDS-A-D5743DB9-F6A9-4F02-9DDF-7FA4D7ECFF40

[26] Edelmann (2018), https://www.edelman.com/trust-barometer

[27] Vgl. Instagram (2018), https://www.instagram.com/beauty.brina/?hl=de

[28] Vgl. Statista (2018), https://de.statista.com/statistik/daten/studie/888449/umfrage/umfrage-zu-wichtigen-faktoren-bei-einem-guten-influencer-in-oesterreich/

werden.[29] Demnach ist es wichtig im Influencer Marketing einen Multiplikatoren zu wählen, dessen Interessen und Werte mit der Marke sowie deren Image übereinstimmt. Als vertrauens- und glaubwürdig gilt derjenige, der im Einklang mit sich selbst, seinem Handeln und seinem Kommunizierten ist.[30]

Ein weiterer Faktor für Erfolg ist, dass Influencer Träume erlebbar machen. Sie führen einen Alltag, denen sich viele „normale" Menschen wünschen.[31] Die Follower sind über ihren sogenannten Stellvertreter, dem Influencer, mittendrin und somit ein Teil der Inszenierung, was wiederum das Zugehörigkeitsgefühl stärkt und das Interesse, am Leben des Influencers teilzuhaben.[32] Influencer beherrschen die Fähigkeit des Storytellings, was ihnen den Vorteil verschafft Produkte ebenfalls erlebbar zu machen. Sie probieren das Produkt aus und zeigen dabei meist beiläufig, wie das Produkt in ihre Lebenswelt hineinpasst und warum ein Kauf lohnenswert ist.[33] Storytelling dient dazu, Geschichten gezielt, bewusst und gekonnt einzusetzen, damit die Ziel- bzw. Bezugsgruppen ein besseres Verständnis aufbringen können. Sie können zum Mitdenken, Mitfühlen und Miterleben gebracht werden und erzählen die Geschichten ggf. weiter.[34]

B2. Der Mehrwert von Influencer-Beiträgen

Influencern wird als Freund bzw. Gleichgesinnter mehr als den Anbietern/Unternehmen vertraut. Oft werden sie zu einem festen Bestandteil des Lebens anderer Social Media User.[35] Sie inszenieren ihr Privatleben und

---

[29] Vgl. Gerstenberg, F., Gerstenberg, C. (2017), Seite 15

[30] Vgl. Anonym (2016), https://www.grin.com/document/417848

[31] Vgl. Christian, C. (2018), https://www.osk.de/blog/influencer-erfolgsrezept

[32] Vgl. Bittner-Fesseler, Prof. Dr. A. (2018), Seite 163

[33] Vgl. Funke, S.-O. (2019), Seite 35

[34] Vgl. Herbst, D. G., Musiolik, T. H. (keine Angabe), Seite 20

[35] Vgl. Bittner-Fesseler, Prof. Dr. A. (2018), Seite 173

ein Selbstbild im Internet, zeigen was sie gerade machen, essen, fühlen und reden dabei mit ihren Followern, wie mit guten Freunden.

Es ist besonders wichtig, dass es sich bei einem Influencer um eine glaubwürdige und authentische Person handelt, die auch mal ein ungeplantes Bild vor dem Spiegel oder ein spontanes Selfie veröffentlicht. Dies ist deutlich ansprechender für die Follower, als ein geplantes Fotoshooting, dass lediglich der Vermarktung eines Produktes dient.[36] Authentisch ist, wer sich so gibt, wie er ist und sich nicht verstellt.[37]

Der Trend zu mehr Authentizität hat wohlmöglich auch den Anstoß gegeben, dass Unternehmen immer mehr auf sogenannte Micro-Influencer zurückkommen. Sie sind die „kleineren Vertreter digitaler Meinungsbildner"[38] und zeichnen sich trotz verhältnismäßig geringerer Reichweite (zwischen ca. 10.000 – 100.000 Follower) durch ihre hohe Glaubwürdigkeit, Echtheit und Vertrauenswürdigkeit aus. Die Begründung hierzu liegt meist darin, dass sie sich ihre Community und deren Vertrauen über einen längeren Zeitraum aufgebaut haben.[39] Sie sind geeignete Alternativen zu den großen Influencern, da sie ein treues Publikum auf Basis gemeinsamer Interessen haben und somit einen authentischen Partner für das Bewerben von Marken darstellen.[40]

Die Follower erwarten von ihren Influencern einen sinnvollen Content, der einen Mehrwert mit sich bringt.[41] Hierunter können DIY-Anregungen, Sport- oder Koch-Tipps fallen. Louisa Dellert kooperiert beispielsweise mit der Margarinen-Marke Rama sowie Nike bzw. Adidas und zeigt ihren Followern Butterbrotrezepte und Sport-Übungen in Adidas-Kleidung zum Nachmachen,

---

[36] Vgl. HBI (2017), https://www.hbi.de/2017/11/16/loest-influencer-marketing-die-klassische-werbung-ab/

[37] Vgl. Funke, S.-O. (2019), Seite 49

[38] Christian, C. (2018), https://www.osk.de/blog/influencer-erfolgsrezept

[39] Vgl. OSKweekly (2018), https://www.youtube.com/watch?v=6jhCYTvS88k

[40] Vgl. Jungjohann, C. (2018), https://www.horizont.net/marketing/kommentare/authentisch-und-ehrlich-darum-ist-transparente-werbe-kennzeichnung-bei-instagram-so-wichtig-168581

[41] Vgl. Markant Magazin (2017), http://www.markant-magazin.com/markant/authentizität-ist-alles

anstatt die Produkte lediglich in die Kamera zu halten. Der Gehalt der bloßen Werbung ist somit übertroffen und ein Mehrwert für die Follower gewährleistet.[42]

Die Bloggerin und Influencerin Ana Johnson (Instagram Account @anajohnson) mit 556.000 Followern hat verschiedene Kooperationen mit Kosmetik-Marken, unter Anderem ArtDeco. Auch hier wird nicht lediglich der Lippenstift oder die Mascara in die Kamera gehalten, sondern ein Schmink-Tutorial-Video erstellt mit hilfreichen Tipps und Tricks für ein Make-Up zum Nachschminken.

Abbildung 4 - Screenshot aus dem Video-Post der Influencerin Ana Johnson auf Instagram (03.09.2018). Verfügbar unter: https://www.instagram.com/p/BnQyMOiln91/

Wie unauthentisch und kontraproduktiv eine Vermarktung enden kann, zeigt die Kampagne der Waschmittel-Marke Coral (#coralliebtdeinekleidung), bei der zahlreiche Influencer eine Flasche Waschmittel in untypischen Situationen inszeniert in die Kamera halten. Coral erntet hierfür viel Kritik und wird als lächerlichste Kampagne des Jahres 2017 betitelt.[43]

---

[42] Vgl. Xing (2017), https://www.xing.com/news/klartext/ein-leben-als-influencer-ist-mehr-als-ein-9-to-5-job-1793?te=48d3d58e2b964080.eyJ0YXJnZXRfaWQiOjE3OTMsInRhcmdldF90eXBlIjoia2xhcnRlУ2xliwidGFyZ2V0X3Vybil6InVybjp4LXhpbmc6Y29udGVudDprbGFydGV4dF9rbGGjbGU6MTc5MylsInNpdGVfc2VjdGlvbil6ImtsYXJ0ZW5zZV9kZXRhaWwwiiwiYWN0b3JfdXJuIjoidXJuOngteGluZzp1c2Vyzzpjb250ZW50OmtsYXJ0ZXh0Iiwidmyc2lvbil6IjluMi4wIn0

[43] Vgl. meedia (2017), https://meedia.de/2017/07/17/mit-der-coral-flasche-auf-du-und-du-die-wohl-laecherlichste-instagram-kampagne-des-jahres/

Abbildung 5 - Post von Influencerin Jules Vogel auf Instagram (09.07.2017). Verfügbar unter: https://www.instagram.com/p/BWUgZ-Wh1Pv/?utm_source=ig_embed

Abbildung 6 - Post von Influencerin Clea Lacy auf Instagram (16.06.2017). Verfügbar unter: https://www.instagram.com/p/BVZZC9Ug6sC/?utm_source=ig_embed

Ebenso erhalten die jeweiligen Influencer viele negative Kommentare zu ihren Bildern mit dem Waschmittel: „"Was für eine peinliche Werbung" und „Geld machen egal mit was und für jeden Preis?! Peinlich!" heißt es unter dem Bild von Influencerin Clea Lacy (Instagram Account @clea_lacy) vom 16.06.2017.[44] Nicht unwahrscheinlich, dass diese Art von unglaubwürdiger Vermarktung ein Grund ist, für den sich häufig abzeichnenden Vorwurf zum Thema Influencer, dass sie die Produkte früher empfohlen haben, weil sie sie gut fanden und heute, weil sie dafür bezahlt werden.[45]

Nebst einem authentischen erweist sich ebenfalls ein transparenter Content als einen Mehrwert für die Follower. Gemeint ist hier die Kennzeichnung von gesponserten Beiträgen als Werbung. Die Gesetzeslage sieht wie folgt aus: Gemäß dem Telemediengesetz (§ 6 Abs. 1 Nr. 1 TMG) müssen kommerzielle Kommunikation klar als solche zu erkennen sein.[46] Dies ist deshalb so wichtig, um eine bewusste Irreführung der Zielgruppen aufgrund mangelnder Kennzeichnung zu vermeiden. Die Pflicht zur

---

[44] Vgl. Instagram (2017), https://www.instagram.com/p/BVZZC9Ug6sC/?utm_source=ig_embed

[45] Vgl. Eube, A. (2018), https://www.welt.de/icon/partnerschaft/article177876280/Influencer-Wie-viel-Werbung-ertragen-Follower-Was-verdienen-sie.html

[46] Vgl. dejure.org (k.A.), https://dejure.org/gesetze/TMG/6.html

vollumfänglichen Transparenz liegt sowohl bei den Marken als auch bei den Influencern selbst.[47]

Für Louisa Dellert ist es von Beginn an wichtig, bezahlte Postings mit ihren Lesern transparent zu teilen: „Wie will man schließlich eine authentische und persönliche Beziehung zu seinen Lesern aufbauen, wenn man auf der anderen Seite versucht sein Business zu vertuschen."[48] Ohne Transparenz kann ein Content demzufolge auch nicht authentisch sein.

Diesen Standpunkt vertritt auch der Olapic-Co-Gründer Pau Sabria, in dessen Studie „Psychology of Following" (zu deutsch: Psychologie des Folgens) untersucht wurde, was Menschen dazu bewegt, Influencern zu folgen. Er geht nicht davon aus, dass ein Verlust der Glaubwürdigkeit sowie Authentizität der Influencer resultiert, weil diese ihre gesponserten Werbe-Posts kennzeichnen. Die Follower sind sich lediglich der Werbung deutlicher bewusst.[49] Denn einer aktuellen Studie des Digitalverbandes Bitkom zufolge können 48% der Social-Media-Nutzer Werbung und Content der Influencer nicht differenzieren.[50]

Bleibt der Content relevant und authentisch herrscht noch immer ein größeres Vertrauen in die Influencer, als in die Marken bzw. Anbieter selbst.[51]

---

[47] Vgl. Jungjohann, C. (2018), https://www.horizont.net/marketing/kommentare/authentisch-und-ehrlich-darum-ist-transparente-werbe-kennzeichnung-bei-instagram-so-wichtig-168581

[48] Dellert, L. (2017), https://www.louisadellert.com/alle-beitraege/instagram-und-die-kennzeichnungspflicht/

[49] Vgl. Brecht, K. (2017), https://www.horizont.net/marketing/nachrichten/Studie-Diese-Psychologie-steckt-hinter-dem-Influencer-Marketing-163484

[50] Vgl. Bitkom (2018), https://www.bitkom.org/Presse/Presseinformation/Jeder-zweite-Social-Media-Nutzer-kann-Werbung-von-Inhalt-nur-schwer-unterscheiden.html

[51] Vgl. Brecht, K. (2017), https://www.horizont.net/marketing/nachrichten/Studie-Diese-Psychologie-steckt-hinter-dem-Influencer-Marketing-163484

B3. Einfluss und Verantwortung von Influencern

"People influence people. Nothing influences people more than a recommendation from a trusted friend. A trusted referral influences people more than the best broadcast message. A trusted referral is the Holy Grail of advertising."[52]

Die Möglichkeiten von intendierter Beeinflussung sind durch Instrumente der Kommunikation und Massenkommunikation bei verschiedensten gesellschaftlichen Beteiligten auf Interesse gestoßen.[53] Mit dem wachsenden Trend zu Social Media und der damit einhergehenden Macht Informationen zu verbreiten, haben Menschen angefangen sich z.B. in Bezug auf ihre Kaufentscheidungen auf Empfehlungen anderer zu verlassen. Dies hat es einigen die Chance verschafft sich einen Ruf aufzubauen, „der sie zu einflussreichen Tippgebern macht."[54]

Trotz der Tatsache, dass die Follower nicht mit ihren Influencern verwandt sind, sie nicht persönlich kennen und die Influencer auch kein Expertenwissen an den Tag legen müssen, wird ihnen ein großes Vertrauen entgegengebracht.[55] Was begründet dieses Vertrauen?

Wie der Begriff Influencer (engl. to influence: beeinflussen) bereits verrät, haben Influencer einen großen Einfluss auf ihre Zielgruppe – und demzufolge eine große Verantwortung.[56]

Generell möchten Konsumenten nur ungern in ihrer Kaufentscheidung beeinflusst werden. In der Praxis allerdings suchen sie Testberichte und

---

[52] Seel, A. (2017), http://digitalmarketingmagazine.co.uk/social-media-marketing/the-new-era-of-employee-social-media-marketing/4442

[53] Vgl. Bonfadell, H., Friemel, T. N. (2015) Seite 16

[54] Kastenholz, C. (2016) https://www.horizont.net/marketing/kommentare/Social-Media-Stars-Fuenf-Wege-wie-man-ein-erfolgreicher-Influencer-werden-kann-139933

[55] Vgl. allairt (2018), https://allairt.com/warum-ist-influencer-marketing-so-erfolgreich

[56] Vgl. OSK (2018), https://www.osk.de/blog/einfluss-influencer

positive Bewertungen über ein Produkt, bevor sie sich für einen Kauf entscheiden.[57]

Influencer treten als unabhängige Personen an ihre Follower heran, anders als Unternehmen.[58] Sie sind, ähnlich wie die Follower, einfache Konsumenten, die sich vorab von der Qualität eines Produktes überzeugen konnten. Die Follower gehen vertrauensvoll davon aus, dass ihnen Ehrlichkeit entgegengebracht wird, wie man es von einem guten Freund erwarten würde.[59]

Je enger sich ein Follower einem Influencer verbunden fühlt, desto größer ist die Gewichtung der Meinung des Influencers. Der Influencer kennt nur wenige seiner Follower und hat im Regelfall keinen Einblick in ihr Leben. Die Follower wiederum kennen durch die regelmäßig erscheinenden Inhalte/Posts den Tagesablauf und weitere persönliche Informationen über den Influencer, wodurch ein Bild in der Wahrnehmung der Zielgruppe geformt wird. Das Gefühl einer Freundschaft entsteht, auch wenn diese nur einseitig vorhanden ist.[60] Trotz dessen: „Was Freunde empfehlen, darauf legt man ein besonderes Augenmerk bei anstehenden Kaufentscheidungen."[61]

Die Influencer leiten den digitalen Konsum. Für die Mehrzahl ihrer Follower sind sie Idole, Orientierungshilfen und Inspirationsquelle bei Themen wie z.B. Mode- und Lifestyle, Kaufentscheidungen, aber auch den großen wichtigen Fragen des Lebens.[62] In sogenannten Look Books werden einzelne Kleidungsstücke oder ganze Outfits präsentiert, die direkt nachgekauft werden können. Hauls stellen den Einkauf eines Influencers vor, der mit einer implementierten Begründung für die Kaufentscheidung das Kaufverlangen der Zielgruppe beeinflusst.[63]

---

[57] Vgl. Funke, S.-O. (2019), Seite 48

[58] Vgl. allairt (2018), https://allairt.com/warum-ist-influencer-marketing-so-erfolgreich

[59] Vgl. allairt (2018), https://allairt.com/warum-ist-influencer-marketing-so-erfolgreich

[60] Vgl. Funke, S.-O. (2019), Seite 30

[61] Funke, S.-O. (2019), Seite 30

[62] Vgl. Christian, C. (2018), https://www.osk.de/blog/influencer-erfolgsrezept

[63] Vgl. Lesezeichen.rocks (2018), https://lesezeichen.rocks/marketing-influencer-werbung/

Vor allem bei Entscheidungen, die schwerfallen, orientieren sich Menschen am Verhalten anderer, um auf die Angemessenheit für das eigene Verhalten schließen zu können. Dies erklärt auch den Kauf von Trend-Produkten sowie die Beliebtheit von Influencer-Werbung.[64]

Eine im November 2017 durchgeführte Befragung in Deutschland, Frankreich, Großbritannien und in den USA mit 4000 Teilnehmern hat ergeben, dass knapp ein Drittel (31 %) sich aufgrund eines Influencer-Beitrags ein Produkt bzw. eine Dienstleistung gekauft hat. 44% haben es in Betracht gezogen, der Empfehlung eines Influencers zu folgen. Trotz dem Wissen, dass eine Kooperation zwischen den Unternehmen und Influencern mit meist monetärer Vergütung besteht, bestätigt die Mehrheit der Befragten, „dass die Influencer-Posts einen großen Einfluss auf ihre Handlungen haben".[65]

Die Macht der Influencer ist keineswegs zu unterschätzen. Dies lässt sich am Beispiel der im Jahr 2015 von der bekannten Youtuberin Bianca Heinicke (bekannt als @bibisbeautypalace) vorgestellten Marke „Bilou" in Kooperation mit der Drogeriemarkt-Kette DM aufzeigen. Die Produkte waren innerhalb kürzester Zeit ausverkauft und die Regale leer.[66]

Abbildung 7 - Screenshot aus "Bilou"-Homepage. Verfügbar unter:
https://www.instagram.com/p/BVZZC9Ug6sC/?utm_source=ig_embed

Dabei kann die Einflussnahme durch Influencer sowohl positive als auch negative Züge haben. Das Verhalten der Influencer kann ermutigende Gefühle, wie Inspiration, Motivation, Selbstwertsteigerung- und reflexion, aber

---

[64] Vgl. Rode, J. (2018), https://www.wiso-net.de/document/MARC__45292577

[65] Brecht, K. (2017), https://www.horizont.net/marketing/nachrichten/Studie-Diese-Psychologie-steckt-hinter-dem-Influencer-Marketing-163484

[66] Vgl. Funke, S.-O. (2019), Seite 69

auch entmutigende Gefühle, wie Selbstzweifel, Gruppenzwang, Druck und Neid hervorrufen. Wavemaker-COO Hanno Stecken betont, dass „große Macht [...] auch große Verantwortung [bedeutet]".[67] Mit steigender Followerzahl, sprich wachsender Reichweite, steigt auch die Verantwortung der Influencer, denn deren Einfluss kann in Alltagsflucht bis hin zum Realitätsverlust kulminieren.[68] Louisa Dellert weiß um die Wirkung, die sie mit ihren Posts erzielt und um die Tatsache, dass ihre Follower die von ihr beworbenen Produkte oder Dienstleistungen nachkaufen. Dieser Verantwortung nimmt sie sich an und hält deshalb „nicht jeden Proteinriegel in die Kamera, nur damit [sie] Geld verdien[t]."[69]

Es ist außerdem entscheidend, welche Altersgruppe bzw. Zielgruppe angesprochen wird. Für 11- bis 15-Jährige sind Influencer Identifikationsobjekte, denen sie nacheifern und ihr ganzes Vertrauen schenken. Das Enttäuschungspotenzial ist sehr groß, da sie mit voller Hingabe folgen und Empfehlungen ungefiltert annehmen.[70] Die Jugendphase ist geprägt von Identitätsfindung und gesellschaftlicher Zugehörigkeit. „Dabei orientieren sie sich auch stark daran, was Gleichaltrige gut finden."[71] Ebenso sind die Älteren in Sachen Produktwerbung beeinflussbar, jedoch insgesamt kritischer, wobei die Strahlkraft der Influencer eine faszinierende Wirkung auf sie hat.[72]

---

[67] Rentz, I. (2018), https://www.wiso-net.de/document/HOR__20181025473265%7CAHOR__20181025473265

[68] Vgl. ebenda

[69] Xing (2017), https://www.xing.com/news/klartext/ein-leben-als-influencer-ist-mehr-als-ein-9-to-5-job-1793?te=48d3d58e2b964080.eyJ0YXJnZXRfaWQiOjE3OTMsInRhcmdldF90eXBlIjoia2xhcnRpY2xiIiwidGFyZ2V2OX3Vybil6InVybjp4LXhpbmc6Y29udGVudDprbGFydGV4dF9rbGFydGljbGU6MTc5MyIsInNpdGVfdmlkGlvbil6ImtsYXJ0aWNsZV9kZXRhaWwiYWdlliwiYWN0b3JfdXJuljoidXJuOngteGluZzp1c2VyOjI1OZW50OmtsYXJ0aWNsZXh0liwidmljZ2Vil6ljUiluMi4wIn0

[70] Vgl. Rentz, I. (2018), https://www.wiso-net.de/document/HOR__20181025473265%7CAHOR__20181025473265

[71] Sommersberg, A. (2018), https://www.wiso-net.de/document/KSTA__MDS-A-D5743DB9-F6A9-4F02-9DDF-7FA4D7ECFF40%7CKSTT__MDS-A-D5743DB9-F6A9-4F02-9DDF-7FA4D7ECFF40

[72] Vgl. Rentz, I. (2018), https://www.wiso-net.de/document/HOR__20181025473265%7CAHOR__20181025473265

Klassische Werbung hat durch das Influencer-Marketing enorm an Bedeutung verloren.[73] Vor allem junge Menschen sind zunehmend schwieriger über Medien, wie z.b. Fernsehen, Radio oder Zeitung erreichbar. Unternehmen, die diese Zielgruppe planen anzusprechen, sind demnach gezwungen, soziale Medien in die Marketingstrategie einzubinden.[74] Dabei ist es besonders wichtig, dass nicht die Follower-Anzahl, sprich die Reichweite, das Maß ist einen Influencer für Kooperationszwecke auszuwählen, sondern danach, ob sie zur Marke passen und in enger Kommunikation mit ihren Followern stehen.[75]

„Tageszeitungen waren früher wie Lizenzen zum Gelddrucken. Und wer Moderator beim Radio war, avancierte zum „Radio Star". Doch die Bedeutung dieser Medien hat sich massiv gewandelt [...]."[76]

In klassischen Medien haben Influencer nur geringe Möglichkeiten mit Anhängern in Kontakt zu treten (wie z.B. Zeitungslesern). Sie beschränken sich darauf, dass das Unternehmen erzählt und der Kunde zuhört. Diese sogenannte One-to-many-Kommunikation ist durch das Internet und Social Media obsolet geworden. Der Kunde ist nicht mehr nur der Empfänger von Botschaften, er kann an der Kommunikation partizipieren[77] und die Influencer mit ihren Followern interagieren.[78] Man spricht hier von der Many-to-many-Kommunikation.[79]

„Influencer sind heute vielfach bessere Werbeträger, als es große Kampagnen wären."[80] Es handelt sich beim Influencer-Marketing also nicht um ein

---

[73] Vgl. HBI (2017), https://www.hbi.de/2017/11/16/loest-influencer-marketing-die-klassische-werbung-ab/

[74] Vgl. Funke, S.-O. (2019), Seite 31

[75] Vgl. Brecht, K. (2017), https://www.horizont.net/marketing/nachrichten/Studie-Diese-Psychologie-steckt-hinter-dem-Influencer-Marketing-163484

[76] Funke, S.-O. (2019), Seite 41

[77] Vgl. Funke, S.-O. (2019), Seite 43ff

[78] Vgl. ebenda, Seite 47

[79] Vgl. ebenda, Seite 45

[80] Lesezeichen.rocks (2018), https://lesezeichen.rocks/marketing-influencer-werbung/

temporäres Phänomen, sondern um einen festen Bestandteil von Marketing-Strategien, wobei es noch Verbesserungspotenzial in puncto Schleichwerbung und rechtlichen Grundlagen gibt. Vollständig verdrängt wird die klassische Werbung nicht, da sie sowohl sachlich und inhaltlich korrekter, informativer und aussagekräftiger in Bezug auf das Produkt ist. Eine vollumfängliche Konzentration auf reines Influencer-Marketing ist daher weniger sinnvoll.[81]

Fazit

Um eine Marke oder ein Produkt an die anvisierte Zielgruppe emotional und authentisch heranzutragen, wird das Influencer-Marketing meines Erachtens nach auch in Zukunft weiter an Bedeutung gewinnen und fortwährend professionalisiert werden. Vor allem bei der Ansprache der Generation Z ist die Zusammenarbeit mit Influencern unumgänglich. Das Influencer-Marketing ist kein Hype mehr, es ist eine etablierte Marketing-Strategie.

Aus meiner Sicht werden vor allem die Micro-Influencer einen Aufschwung erleben, da sie anders als die meisten großen Social-Media-Bekanntheiten, noch nicht für jede Marke ihr Gesicht in die Kamera gehalten haben. In puncto Glaubwürdigkeit bieten sie den Vorteil, dass sie wesentlich engere Beziehungen zu ihren Followern und dementsprechend geringere Streuverluste haben.

---

[81] Vgl. HBI (2017), https://www.hbi.de/2017/11/16/loest-influencer-marketing-die-klassische-werbung-ab/

Literaturverzeichnis

Bartel, R. (keine Angabe). Die große Social Media-& Online-PR-Bibel – Erfolgreiche Unternehmenskommunikation im Social Web, auf Facebook & Co. (keine Angabe). Düsseldorf: Data Becker GmbH & Co. KG.

Bittner-Fesseler, Prof. Dr. A. (2018). PR Management (2. Auflage) Riedlingen: SRH Fernhochschule – The mobile university. (Studienbrief)

Bonfadell, H., Friemel, T. N. (2015). Medienwirkungsforschung (5. Auflage) Konstanz und München: UVK Verlagsgesellschaft mbH.

Funke, S.-O. (2019). Influencer-Marketing – Strategie, Briefing, Monitoring (1. Auflage) Bonn: Rheinwerk Verlag GmbH. (E-Book)

Gerstenberg, F., Gerstenberg, C. (2017). Quick Guide Social Relations – PR-Arbeit mit Bloggern und anderen Multiplikatoren im Social Web (keine Angabe). Wiesbaden: Springer Gabler.

Herbst, D. G., Musiolik, T. H. (keine Angabe). Digital Storytelling – Spannende Geschichten für interne Kommunikation, Werbung und PR (keine Angabe) Konstanz und München: UVK.

Lumma, N., Rippler, S., Woischwill, B. (2015). Berufsziel Socia Media – Wie Karrieren im Web 2.0 funktionieren (2. Auflage). Wiesbaden: Springer Gabler. (E-Book)

Niermeyer, R. (2008). Mythos Authentizität – Die Kunst, die richtigen Führungsrollen zu spielen (keine Angabe). Campus Verlag GmbH. (E-Book)

Schmidt, J.-H., Taddicken, M. (2017). Handbuch Soziale Medien (keine Angabe). Wiesbaden: Springer VS.

Spindler, G., Schmitz, P. (2018). Telemediengesetz (2. Auflage) C.H.Beck.

Internetquellenverzeichnis

Allairt (2018)

Warum ist Influencer Marketing so erfolgreich? Zugriff am 11.12.2018.
Verfügbar unter: https://allairt.com/warum-ist-influencer-marketing-so-erfolgreich

Anonym (2016)

Influencer Marketing, Psychologische Hintergründe und Grenzen. Zugriff am 11.12.2018. Verfügbar unter: https://www.grin.com/document/417848

Bitkom (2018)

Jeder zweite Social-Media-Nutzer kann Werbung von Inhalt nur schwer unterscheiden. Zugriff am 17.12.2018. Verfügbar unter:
https://www.bitkom.org/Presse/Presseinformation/Jeder-zweite-Social-Media-Nutzer-kann-Werbung-von-Inhalt-nur-schwer-unterscheiden.html

Blick am Abend (2018)

Gegenbewegung zum Perfektionismus: Schweizer Influencer nehmen sich selber aufs Korn. Zugriff am 06.12.2018. Verfügbar unter:
https://www.blickamabend.ch/very-best-of/gegenbewegung-zum-perfektionismus-schweizer-influencer-nehmen-sich-selbst-aufs-korn-id8870553.html

Brecht, K. (2017)

Studie: Die Psychologie hinter Influencer Marketing. Zugriff am: 11.12.2018.
Verfügbar unter: https://www.horizont.net/marketing/nachrichten/Studie-Diese-Psychologie-steckt-hinter-dem-Influencer-Marketing-163484

Christian, C. (2018)

Das Influencer-Erfolgsrezept – diese 6 Gründe machen die Digital-Stars so beliebt. Zugriff am 06.12.2018. Verfügbar unter: https://www.osk.de/blog/influencer-erfolgsrezept

Dejure.org (keine Angabe)

Telemediengesetz. Zugriff am 17.12.2018. Verfügbar über: https://dejure.org/gesetze/TMG/6.html

Dellert, L. (2017)

Instagram und die Kennzeichnungspflicht. Zugriff am 17.12.2018. Verfügbar unter: https://www.louisadellert.com/alle-beitraege/instagram-und-die-kennzeichnungspflicht/

Dschaak, M. (2017)

Instagram: Feed – Bedeutung, Idee und Plugin. Zugriff am 18.12.2018. Verfügbar unter: https://www.giga.de/downloads/instagram/specials/instagram-feed-bedeutung-idee-und-plugin/

Eastside-Story (keine Angabe)

Warum Influencer im Marketing so gut funktionieren. Zugriff am 06.12.2018. Verfügbar unter: https://www.eastside-story.de/2018/07/24/warum-influencer-im-marketing-so-gut-funktionieren/ 6.12.

Edelmann (2018)

2018 Edelmann Trust Barometer. Zugriff am 11.12.2018. Verfügbar unter: https://www.edelman.com/trust-barometer

Eube, A. (2018)

„Die Follower akzeptieren Werbung. Wir haben null hate." Zugriff am 12.12.2018. Verfügbar unter: https://www.welt.de/icon/partnerschaft/article177876280/Influencer-Wie-viel-Werbung-ertragen-Follower-Was-verdienen-sie.html

HBI (2017)
Löst Influencer Marketing die klassische Werbung ab? Zugriff am
14.12.2018. Verfügbar unter: https://www.hbi.de/2017/11/16/loest-influencer-
marketing-die-klassische-werbung-ab/

Instagram (2017)
Post von clea-lacy zur Kampagne „#coralliebtdeinekleidung" auf Instagram.
Zugriff am 07.12.2018. Verfügbar unter:
https://www.instagram.com/p/BVZZC9Ug6sC/?utm_source=ig_embed

Instagram (2018)
Instagram-Profil von Influencerin Louisa Dellert. Zugriff am 11.12.2018.
Verfügbar unter: Instagram (2018),
https://www.instagram.com/louisadellert/?hl=de

Instagram-Profil von Influencerin Sabrina Jakobasch. Zugriff am 11.12.2018.
Verfügbar unter: https://www.instagram.com/beauty.brina/?hl=de

Jungjohann, C. (2018)
Authentisch und ehrlich? Darum ist transparente Werbe-Kennzeichnung bei
Instagram so wichtig. Zugriff am 17.12.2018. Verfügbar unter:
https://www.horizont.net/marketing/kommentare/authentisch-und-ehrlich-
darum-ist-transparente-werbe-kennzeichnung-bei-instagram-so-wichtig-
168581

Kastenholz, C. (2018)
Social-Media-Stars – Fünf Wege, wie man ein erfolgreicher Influencer
werden kann. Zugriff am 06.12.2018. Verfügbar unter:
https://www.horizont.net/marketing/kommentare/Social-Media-Stars-Fuenf-
Wege-wie-man-ein-erfolgreicher-Influencer-werden-kann-139933

Lesezeichen.rocks (2018)

Online Marketing – Wie Influencer die Werbung verändern. Zugriff am
17.12.2018. Verfügbar unter: https://lesezeichen.rocks/marketing-influencer-
werbung/

Markant Magazin (2017)

Authentizität ist alles. Zugriff am 07.12.2018. Verfügbar unter:
http://www.markant-magazin.com/markant/authentizität-ist-alles

Meedia (2017)

Mit der Coral-Flasche auf Du und Du: die wohl lächerlichste Instagram-
Kampagne des Jahres. Zugriff am 11.12.2018. Verfügbar unter:

https://meedia.de/2017/07/17/mit-der-coral-flasche-auf-du-und-du-die-wohl-
laecherlichste-instagram-kampagne-des-jahres/

OSK (2018)

Welchen Einfluss haben Influencer auf Jugendliche? Eine 18-Jährige
beschreibt ihre Erfahrungen. Zugriff am 17.12.2018. Verfügbar unter:
https://www.osk.de/blog/einfluss-influencer

OSKweekly (2018)

Micro Influencer - warum weniger Reichweite manchmal besser ist I OSK
Media Vlog #3. Zugriff am 07.12.2018. Verfügbar unter:
https://www.youtube.com/watch?v=6jhCYTvS88k

Rentz, I. (2018)

Vorsicht beim Influencen! Social Media: Eine Studie von Wavemaker
untersucht den Einfluss der Influencer auf junge Menschen. Zugriff am
07.12.2018. Verfügbar unter: https://www.wiso-
net.de/document/HOR__20181025473265%7CAHOR__20181025473265

Rode, J. (2018)

Diese Motive beeinflussen unsere Kaufentscheidung. Zugriff am 12.12.2018.
Verfügbar unter: https://www.wiso-net.de/document/MARC__45292577

Seel, A. (2017)

The new era of employee social media marketing. Zugriff am 11.12.2018.
Verfügbar unter:

http://digitalmarketingmagazine.co.uk/social-media-marketing/the-new-era-
of-employee-social-media-marketing/4442

Sommersberg, A (2018)

„Leute wie du und ich". Zugriff am 07.12.2018. Verfügbar unter:
https://www.wiso-net.de/document/KSTA__MDS-A-D5743DB9-F6A9-4F02-
9DDF-7FA4D7ECFF40%7CKSTT__MDS-A-D5743DB9-F6A9-4F02-9DDF-
7FA4D7ECFF40

Statista (2017)

Setzt Ihr Unternehmen Social-Media-Instrumente und -Plattformen wie z.B.
Facebook, Twitter, Xing oder Social Intranet ein? Zugriff am 06.12.2018.
Verfügbar unter:
https://de.statista.com/statistik/daten/studie/725976/umfrage/einsatz-von-
social-media-in-unternehmen-in-deutschland/

Statista (2018)

Ranking der größten sozialen Netzwerke und Messenger nach der Anzahl
der monatlich aktiven Nutzer (MAU) im Januar 2018 (in Millionen). Zugriff am
06.12.2018. Verfügbar unter:
https://de.statista.com/statistik/daten/studie/181086/umfrage/die-weltweit-
groessten-social-networks-nach-anzahl-der-user/

Welcher Nutzen ergibt sich durch den Einsatz von Social Media Marketing
für Ihr Unternehmen? Zugriff am 06.12.2018. Verfügbar unter:
https://de.statista.com/statistik/daten/studie/186841/umfrage/marketingentsc
heider-zu-den-vorteilen-von-social-media-marketing/

Welche Kriterien machen aus Ihrer Sicht einen guten Influencer aus, wie
wichtig empfinden Sie die folgenden Kriterien bei einem Influencer? Zugriff

am 06.12.2018. Verfügbar unter:

https://de.statista.com/statistik/daten/studie/888449/umfrage/umfrage-zu-wichtigen-faktoren-bei-einem-guten-influencer-in-oesterreich/

t3n (2018)
6 Influencer-Typen und wie sie uns beeinflussen. Zugriff am 07.12.2018.
Verfügbar unter: https://t3n.de/news/6-influencer-typen-studie-1067059/

Xing (2017)
Ein Leben als Influencer ist mehr als ein 9-to-5-Job. Zugriff am 11.12.2018.
Verfügbar unter: https://www.xing.com/news/klartext/ein-leben-als-influencer-ist-mehr-als-ein-9-to-5-job-1793?te=48d3d58e2b964080.eyJ0YXJnZXRfaWQiOjE3OTMsInRhcmdldF90
eXBlIjoia2xhcnRpY2lliwidGFyZ2V0X3Vybil6lnVybjp4LXhpbmc6Y29udGVu
dDprbGFydGV4dF9rbGFydGljbGU6MTc5MyIsInNpdGVfc2VjdGlvbil6ImtsYX
J0aWNsZV9kZXRhaWxwYWdlliwiYWN0b3JfdXJljoidXJuOngteGluZzpjb25
0ZW50OmtsYXJ0ZXh0liwidmVyc2lvbil6ljluMi4wln0

Welt (2018)
Diese Instagram-Accounts machen endlich mal gute Laune. Zugriff am
07.12.2018. Verfügbar unter:
https://www.welt.de/icon/partnerschaft/article181340652/Wem-folgen-Instagram-Accounts-die-einem-gut-tun-und-nicht-frustrieren.html